OLYMPUS GUARDIAN 63

신화, 과학을 발견하다

글 서보현 그림 시은경

주니어 RHK

차례

1
거미줄을 짜는 아라크네
– 신화에서 발견한 거미의 신비

4

지나친 자만심으로 아테나 여신에게 벌을 받아 거미가 된 아라크네는 원래 옷감을 잘 짜기로 유명한 아가씨였어요. 아테나 여신에 비교될 만큼 뛰어난 솜씨를 자랑하던 아라크네. 거미가 되어서는 어떤 솜씨를 발휘했을까요?

2
태양 마차를 몰게 된 파에톤
– 신화에서 발견한 지구의 움직임

12

태양이 뜨고 지는 길을 따라 달리던 마차가 있어요. 바로 태양 마차이지요. 태양신의 아들 파에톤은 친구들에게 자신이 태양신의 아들이라고 증명할 방법이 태양 마차를 모는 모습을 보여 주는 것뿐이라고 생각했어요. 파에톤의 이야기를 떠올리며 태양이 지나가는 길을 알아보아요.

3
산의 목소리, 에코
– 신화에서 발견한 소리의 성질

20

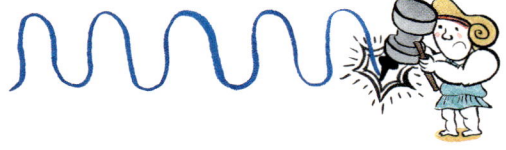

산에 올라 큰 소리로 외치면, 멀리서 똑같은 말이 되돌아와요. 바로 메아리지요. 메아리에는 헤라 여신의 분노를 사는 바람에 남의 말만 따라 하는 벌을 받게 된 불쌍한 님프, 에코의 이야기가 담겨 있답니다.

4   새가 되고 싶은 이카로스   28
– 신화에서 발견한 공기의 흐름

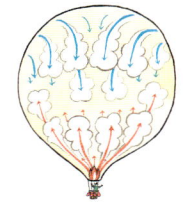

이카로스는 아버지 다이달로스와 함께 복잡한 미궁에 갇혀요.
아버지는 미궁을 탈출하려고 날개를 만들어 내지요.
하지만 바람을 타고 더 높이 날고 싶은 이카로스의 욕심은
커져만 가요. 이카로스에게 무슨 일이 벌어지게 될까요?

5   미다스 왕의 황금 손   34
– 신화에서 발견한 물질의 성질

길가에 있는 돌멩이가 황금으로 변할 수 있을까요? 욕심쟁이
미다스 왕은 디오니소스 신에게 소원을 빌 기회가 생겨요.
미다스 왕은 고민하지 않고 얼른 손에 닿는 것이면 무엇이나
황금으로 만들어 달라고 빌지요. 과연 미다스 왕의 말처럼
모든 것이 황금으로 바뀔 수 있을까요?

 # 거미줄을 짜는 아라크네

아라크네는 리디아에 사는 염색공의 딸이에요.
옷감 짜는 솜씨가 너무도 훌륭해 아테나 여신의 제자라는 소문까지 돌 정도였지요.
하지만 아라크네는 그런 사람들에게 발끈하며 말했어요.
"무슨 소리! 나의 옷감 짜는 솜씨는 누구한테 배운 게 아니에요. 타고난 거라고요."

아테나 여신은 이런 아라크네를 타이르기 위해 노인의 모습으로 변신하여 찾아갔어요.
"아가씨, 재주가 뛰어나도 겸손하지 않으면 아무 소용이 없다오."
하지만 아라크네는 코웃음을 치며 노인의 말을 무시했어요.
마침내 아테나는 자신의 모습을 드러내고는 아라크네에게 옷감 짜기 시합을 하자고 해요.
아라크네는 자신이 가진 솜씨를 한껏 발휘해 옷감을 짰어요.
신들을 모욕하는 내용의 그림을 넣어서요. 화가 난 아테나는 아라크네가 짠 옷감을 찢어 버리고,
아라크네를 거미로 만들었어요. 평생 실이나 자으며 거미줄을 만들라고 말이지요.
아테나 여신의 솜씨만큼이나 훌륭하다는 아라크네의 옷감 짜는 솜씨는
거미로 변해서도 변함이 없었을까요?

거미와 거미줄

이른 아침, 풀숲을 뒤지면 이슬이 대롱대롱 매달린 거미줄을 볼 수 있어요.
거미줄은 아주 작은 것부터 굉장히 큰 것까지 다양하며 모양도 여러 가지랍니다.
이런 거미줄에는 대개 하루살이, 나비 같은 곤충이 걸려요.
거미는 거미줄에 걸린 곤충을 먹지요. 그러니 살아가려면 거미줄을 쳐야 해요.
거미의 꽁무니에는 실샘이 여러 개 있어요. 실샘에서 거미줄의 원료가 되는
액체를 만드는데, 이 액체는 공기 중으로 나오면 고체로 변해 거미줄이 되지요.
실샘에 따라 나오는 거미줄이 다른데, 어떤 실샘에서는 끈적거리는 거미줄이 나오고,
어떤 실샘에서는 끈적거리지 않는 거미줄이 나와요.

이슬이 맺힌 거미줄이에요.
거미는 부지런히 거미줄을 쳐 놓고
먹잇감이 걸려들기를 기다려요.

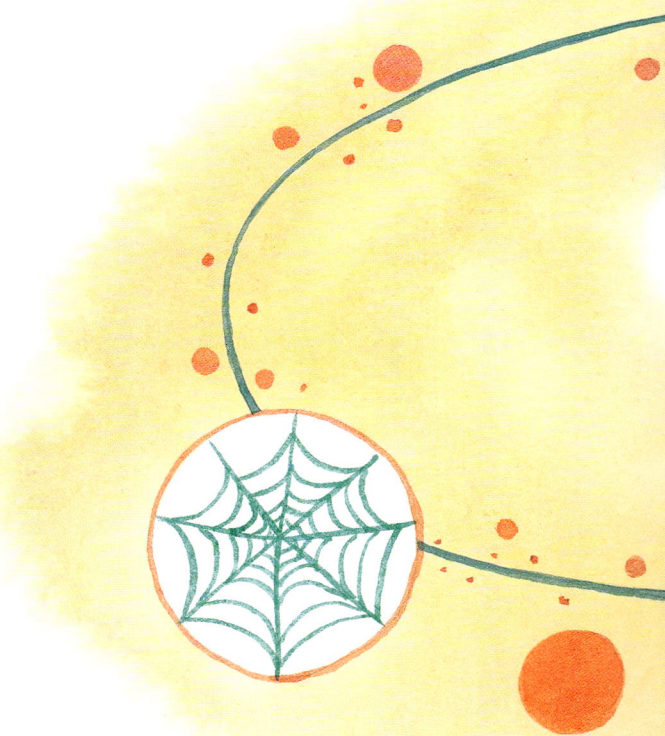

거미는 어떻게 거미줄을 칠까요?

거미는 먼저 끈적거리지 않는 실로 가장자리와 뼈대가 되는 부분을 짜내요.

그러고 나서 끈적거리는 실로 테두리 안쪽을 빙글빙글 돌며 거미줄을 치지요.

그런 다음 끈적거리지 않는 실을 따라 왔다 갔다 한답니다.

거미의 발끝에서 미끈미끈한 액체가 나와서 거미줄에 달라붙지 않게 도와줘요.

다른 곤충들은 거미줄에 걸리면 절대로 빠져나올 수 없지만, 거미는 거미줄에서 자유롭게 걸어 다닐 수 있지요. 하지만 거미줄에 있는 끈적거리는 성분은 시간이 지나면 점차 사라져요.

그래서 거미는 온종일 거미줄을 돌아다니며 끊어진 곳을 잇고, 끈적거리는 성분을 묻힌답니다.

"영차, 영차! 기초를 잘 지어야 거미줄이 튼튼하지."

"끈적거리는 실을 이렇게 빙글빙글 둘러놓으면 맛있는 먹잇감이 철썩 달라붙지."

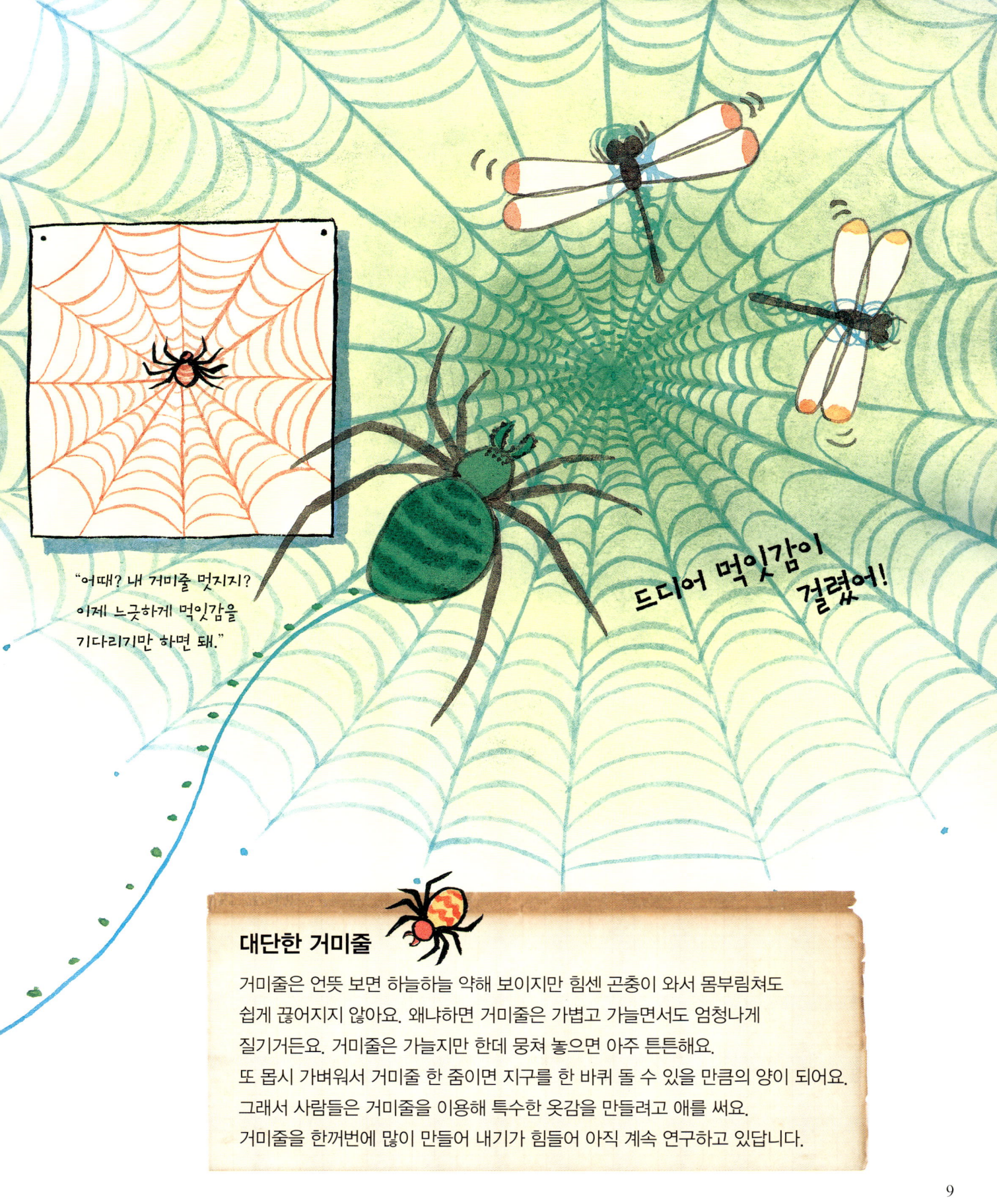

"어때? 내 거미줄 멋지지?
이제 느긋하게 먹잇감을
기다리기만 하면 돼."

드디어 먹잇감이 걸렸어!

대단한 거미줄

거미줄은 언뜻 보면 하늘하늘 약해 보이지만 힘센 곤충이 와서 몸부림쳐도
쉽게 끊어지지 않아요. 왜냐하면 거미줄은 가볍고 가늘면서도 엄청나게
질기거든요. 거미줄은 가늘지만 한데 뭉쳐 놓으면 아주 튼튼해요.
또 몹시 가벼워서 거미줄 한 줌이면 지구를 한 바퀴 돌 수 있을 만큼의 양이 되어요.
그래서 사람들은 거미줄을 이용해 특수한 옷감을 만들려고 애를 써요.
거미줄을 한꺼번에 많이 만들어 내기가 힘들어 아직 계속 연구하고 있답니다.

많은 사람들이 거미를 개미나 메뚜기 등과 비슷한 곤충으로 알고 있어요.
이것들을 모두 '벌레'라고 부르기 때문이지요. 하지만 거미는 곤충이 아니에요.
곤충은 몸이 머리, 가슴, 배, 이렇게 세 부분으로 나뉘고, 다리가 6개랍니다.
하지만 거미는 몸이 머리와 가슴이 한데 모인 머리가슴이라는 부분과 배로 나뉘어요.
다리도 6개가 아니라 8개이지요. 또 곤충들은 대부분 더듬이와 날개가 있지만 거미에게는
더듬이와 날개가 없어요. 곤충과 달리 자라면서 번데기 과정을 거치지 않기 때문에
알에서 깰 때부터 어른 거미와 생김새가 똑같아요. 단지 크기만 작을 뿐이지요.
학자들은 거미가 개미나 메뚜기보다는 전갈이나 진드기에 더 가까울 거라고 추측해요.

아라크네 이야기에서 거미는 평생 거미줄을 짜며 지내는 것으로 나와요.
하지만 모든 거미가 거미줄을 치는 것은 아니랍니다.
함정을 파 놓고 먹이를 기다리거나, 먹잇감을 쫓아가 사냥을 하는 거미도 있어요.
심지어 물속에 사는 물거미도 있답니다. 그러니까 아라크네의 이야기가
모든 거미에게 맞는 것은 아니지요. 물론 거미의 거미줄 짜는 솜씨가
아라크네만큼 훌륭하다는 사실은 맞지만요.

메뚜기와 거미 사진을 보면서 어떻게 다른지 비교해 보세요.
다리가 몇 개인지 세어 보고, 더듬이가 있는지 살펴보면
거미가 곤충이 아닌 까닭을 알 수 있을 거예요.

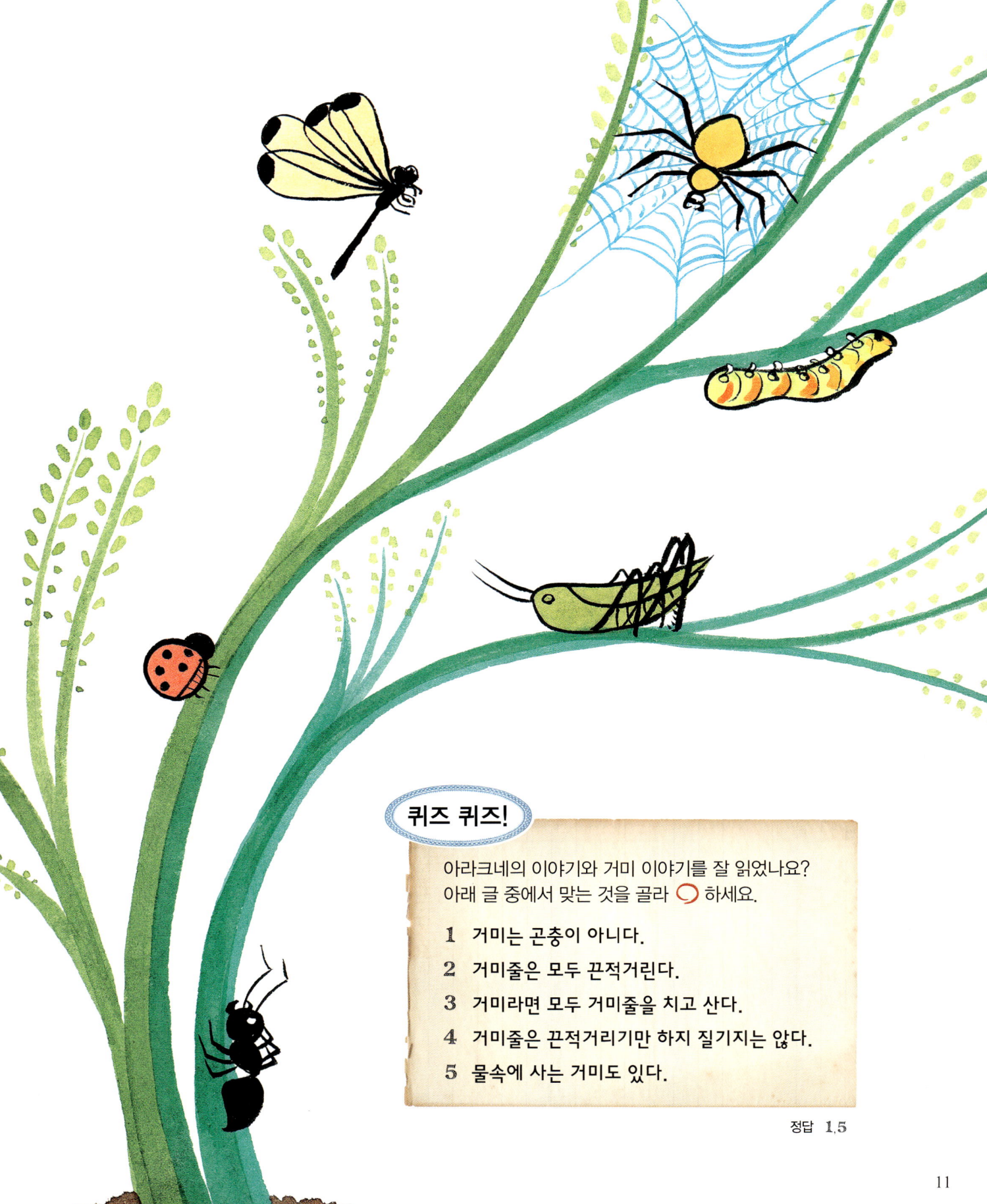

퀴즈 퀴즈!

아라크네의 이야기와 거미 이야기를 잘 읽었나요?
아래 글 중에서 맞는 것을 골라 ◯ 하세요.

1. 거미는 곤충이 아니다.
2. 거미줄은 모두 끈적거린다.
3. 거미라면 모두 거미줄을 치고 산다.
4. 거미줄은 끈적거리기만 하지 질기지는 않다.
5. 물속에 사는 거미도 있다.

정답 1,5

태양 마차를 몰게 된 파에톤

파에톤은 태양신 헬리오스와 님프 사이에서 태어났어요.
하지만 파에톤의 친구들은 파에톤의 아버지가 태양신이라는 것을 믿지 않았어요.
오히려 파에톤이 거짓말을 한다며 놀렸지요. 몹시 분하고 화가 난 파에톤은
아버지를 찾아가 자신이 태양신의 아들임을 세상에 보여 주고 싶다고 했어요.
헬리오스는 파에톤이 원하는 것은 무엇이든 들어주기로 했지요.
파에톤은 헬리오스의 태양 마차를 몰아 보고 싶다고 했어요.
헬리오스는 태양 마차를 모는 것은 어려운 일이라며
아들을 말렸지만, 파에톤은 아버지의 말을 듣지 않았답니다.

"파에톤, 조심해야 해. 잘못했다간 땅도 하늘도 불바다가 되고 말 거야."
불행하게도 헬리오스의 걱정은 들어맞았어요. 파에톤의 서툰 솜씨에
태양 마차는 원래 가야 할 길을 벗어났고, 땅과 하늘은 죄다 타들어 갔어요.
"어쩔 수 없군. 태양 마차를 멈춰야겠다."
태양 마차는 제우스가 던진 번개에 맞아 산산조각이 났고,
파에톤은 결국 떨어져 죽고 말았어요. 파에톤이 그토록 몰고 싶어 했던
태양 마차가 가야 할 길은 과연 어디였을까요?

태양이 지나는 길, 황도

고대 그리스 사람들은 태양이 아침이면 동쪽에서 떠올라 밤이면 서쪽으로 지는 것을
자세히 관찰했어요. 그리고 태양이 지구 둘레를 돌고 있다고 생각했지요.
파에톤의 이야기에는 당시 그리스 사람들이 생각하던 태양과 지구의 움직임이 잘 나타나 있어요.
하지만 사실은 태양이 지구 둘레를 도는 것이 아니라, 지구가 태양 둘레를 돌아요. 태양이 동쪽에서
서쪽으로 움직이는 것처럼 보이는 것도, 지구가 서쪽에서 동쪽으로 움직이기 때문이에요.
태양은 전혀 움직이지 않지만, 옛날 사람들의 생각이 얼토당토않게 틀린 것만은 아니에요.

특히 헬리오스가 파에톤에게 일러 준 태양 마차가 가야 할 길은, 지구의 *공전을
제법 정확하게 묘사하고 있거든요. 헬리오스는 파에톤에게 이렇게 말했다고 해요.

**"다섯 개의 궤도를 따라 달리지 말고 왼쪽으로 가렴. 북극이나 남극은 안 되고
중간으로 달려야 해. 화살을 겨누는 궁수와 거친 황소, 무서운 집게발을 치켜든 게와 사자,
전갈 옆을 지나야 하니 용기를 내야 한다, 아들아."**

지구를 비롯한 여러 행성이
태양을 중심으로
규칙적으로 돌고 있어요.

*공전: 한 천체가 다른 천체의 둘레를 주기적으로 도는 것으로,
지구의 공전이란 지구가 태양의 둘레를 주기적으로 도는 것을 말해요.

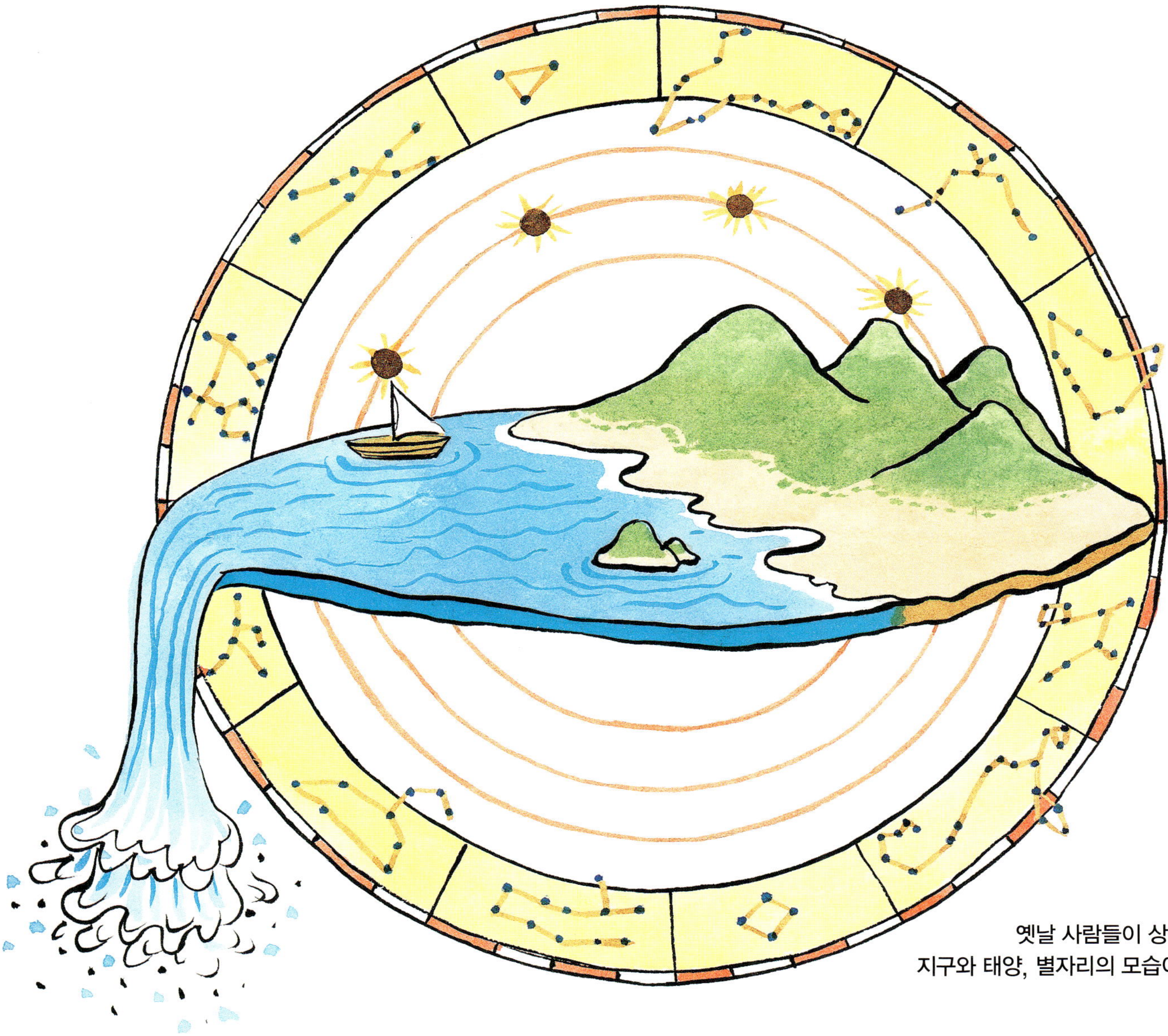

옛날 사람들이 상상했던
지구와 태양, 별자리의 모습이에요.

사막 이야기

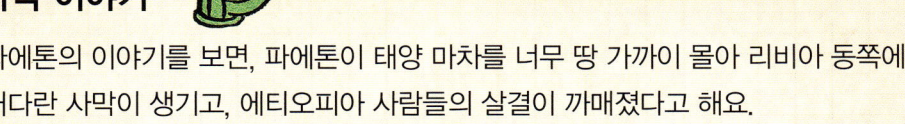

파에톤의 이야기를 보면, 파에톤이 태양 마차를 너무 땅 가까이 몰아 리비아 동쪽에
커다란 사막이 생기고, 에티오피아 사람들의 살결이 까매졌다고 해요.
리비아나 에티오피아는 지구에서 볼록 튀어나온 부분, 즉 적도 가까이에 있는 나라예요.
이 지역은 1년 내내 태양이 강하게 내리쬐기 때문에 계절의 변화가 거의 없고,
사막이 많아요. 그곳에 사는 사람들 역시 기후에 적응하기 위해 피부색이며 생김새가
점차 바뀌었지요. 당시 그리스 사람들은 활동 영역이 넓어지면서 피부색이 검은 사람들을
만나게 되었는데, 낯선 이들의 생김새를 신화를 통해 설명하려고 했던 거예요.

그렇다면 헬리오스가 파에톤에게 말한 화살을 겨누는 궁수와 거친 황소,
무서운 집게발을 치켜든 게와 사자, 전갈 등은 모두 무엇일까요?
바로 별자리예요. 그래서 헬리오스가 그렇게 말했던 거지요.
사람들은 태양이 가는 길을 황도라고 부르고,
그 길에서 볼 수 있는 대표적인 별자리 12개를
'황도 12궁'이라고 했어요. 그 별자리 중에 헬리오스가 말한
궁수자리며 게자리, 전갈자리 등이 있답니다.

지구의 자전과 공전 때문에
계절마다 밤하늘에 보이는 별자리가 달라지고,
시간에 따라 보이는 별자리의 위치도 달라져요.

시간이 지나면서 지구가 태양 둘레를 돈다는 것이 밝혀졌어요.
그뿐만 아니라 지구가 태양 둘레를 돌면서 스스로도 빙글빙글
돈다는 것도 알려졌어요. 그것을 '지구의 자전'이라고 해요.
지구는 하루에 한 번 자전을 해요. 그래서 낮과 밤이 생기지요.
지구가 태양 둘레를 돌면서 지구의 위치가 조금씩
달라지기 때문에 우리 눈에 보이는 밤하늘의 별자리가 달라진답니다.

또 지구는 조금 비스듬히 기울어진 채 태양 둘레를 돌아요.
그래서 지역에 따라 태양 빛을 받는 양이 다르지요. 태양 빛을 많이 받는 지역은 여름이 되고,
태양 빛을 적게 받는 지역은 겨울이 되는 거예요. 또 계절에 따라 보이는 별자리도 달라지지요.
만약 지구가 기울어진 채 돌지 않는다면 북극과 남극은 지금보다 더 춥고,
적도 지방은 지금보다 더 더울 거예요.

지구의 중심을 지나는 중심축을 '자전축'이라고 하지요.
지구의 자전축이 항상 일정한 것은 아니에요. 태양 주위를 도는 다른 행성이나,
지구 주위를 도는 위성인 달의 영향을 받아 자전축이 조금씩 움직여요.
그래서 지금은 북극성이 지구 자전축 바로 위에 있기 때문에 항상 제자리에 있는 것처럼 보이지만,
몇천 년 후에는 그렇지 않을 거예요. 자전축이 달라져 지구의 기울기가 달라지기 때문이에요.

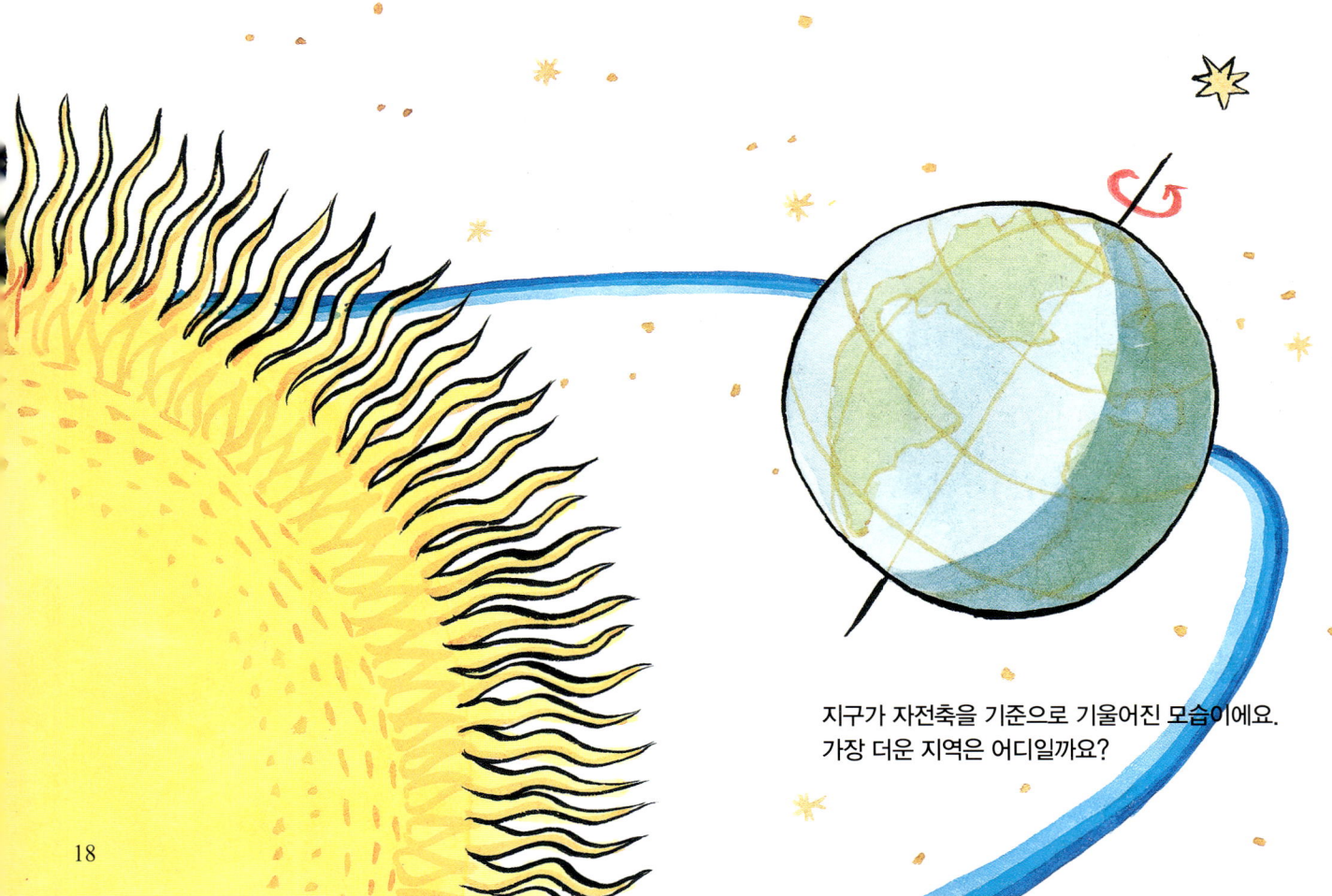

지구가 자전축을 기준으로 기울어진 모습이에요.
가장 더운 지역은 어디일까요?

지구의 위치가 달라지면서 태양 빛을 많이 받는 지역이 달라지고, 그에 따라 계절이 바뀌지요.

퀴즈 퀴즈!

파에톤의 태양 마차와 지구의 공전 이야기를 잘 읽었나요?
아래 글 중에서 맞는 것을 골라 ◯ 하세요.

1. 옛날 사람들은 태양이 지구 둘레를 돈다고 생각했다.
2. 황도는 실제로 태양이 다니는 길이 아니다.
3. 지구의 자전축은 기울어져 있지 않다.
4. 계절에 따라 보이는 별자리가 다르다.
5. 지구의 자전축은 변하지 않는다.

정답 1, 2, 4

산의 목소리, 에코

숲의 요정 에코는 제우스가 다른 여자에게 한눈을 파는 동안, 헤라 여신에게 수다를 떨어 주의를 돌리는 일을 맡았어요. 이 사실을 알게 된 헤라는 몹시 화를 내며 에코에게 상대방 말의 끝 단어만 말할 수 있는 벌을 내렸지요. 헤라 여신에게 벌을 받은 에코는 무척 슬퍼했어요. 왜냐하면 자신이 짝사랑하는 나르키소스에게 말을 걸 수 없게 되었기 때문이지요. 에코는 나르키소스를 줄곧 따라다녔지만 말 한마디 제대로 걸 수 없었어요.

"거기 누구야?" "누구야?"

"장난치지 말고 나와!" "나와!"

나르키소스는 에코가 자신에게 짓궂은 장난을 치는 줄로 알고 오히려 에코를 싫어했어요.

에코는 슬픔에 겨워 점점 몸이 말라 갔고, 결국 바위로 변해 버렸어요.

그리고 그 바위에는 에코의 목소리만 남았지요. 지금도 산에서 에코의 목소리를 들을 수 있어요. 에코의 목소리는 어떻게 아직까지 남아 있을까요?

소리의 성질

소리는 물이나 공기와 같은 것을 타고 전해지는 *파동이에요.
큰 소리, 작은 소리, 높은 소리, 낮은 소리 등 소리에 따라 파동이 다르지요.
사람이 목소리를 내는 것은 주변의 공기를 떨리게 해서 소리를 일으키는 거예요.
말을 할 때면 목구멍에 있는 성대가 떨리면서 공기를 내뿜어요.
이 공기가 주변의 공기를 같이 떨게 만들면서 다른 사람의 귀에까지 전달되지요.
그러면 귀에 있는 고막이 이 공기의 떨림을 알아채 어떤 소리인지 알아낸답니다.
그러니까 공기나 물이 없는 곳에서는 소리가 전혀 들리지 않아요.
입 밖으로 나온 소리를 귀로 전달해 줄, 떨릴 물질이 없기 때문이에요.

얼마만큼 공기를 크게 떨게 하느냐에 따라 파동이 달라요.
작은 소리는 압력이 낮은 파동으로, 멀리까지 전해지지 않아요.
큰 소리는 압력이 큰 파동으로, 멀리까지 전해져요.
그 밖에도 진폭이나 진동 횟수 등 여러 가지 요소가 소리에 영향을 준답니다.

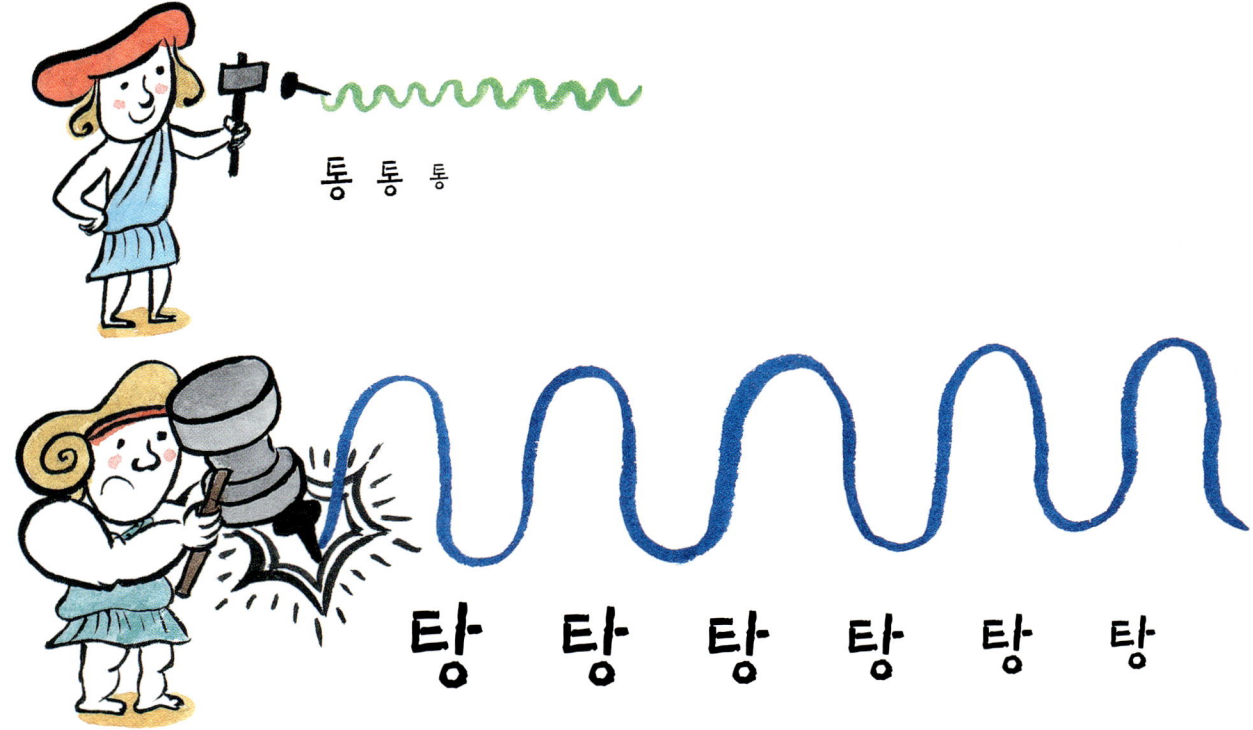

통 통 통

탕 탕 탕 탕 탕 탕

멀리 있는 관객에게까지 목소리가 들리려면 큰 소리로 노래를 불러야지.

*파동 : 공간의 한 점에 생긴 물리적인 상태의 변화가 차츰 둘레에 퍼져 가는 현상이에요. 물 위에 퍼져 나가는 물결이나 소리, 빛 등이 있어요.

소리가 전달되는 것은 물 위에 나뭇잎이 떨어질 때 생기는 물결과 비슷해요.
잔잔한 수면에 나뭇잎이 떨어지면 동그란 물결이 생겨 멀리 퍼져 나가지요.
물이 직접 흘러가지는 않지만 위아래로 떨리는 거예요.
이처럼 우리 목에서 나온 소리는 공기의 떨림으로 전달된답니다.
그런데 사람의 귀로 들을 수 있는 소리는 얼마 되지 않아요.
개나 고양이와 같은 동물들은 사람보다 훨씬 더 넓은 영역의 소리를 들을 수 있답니다.
그 소리로 사냥감을 찾거나 도둑을 잡기도 하지요.
또 박쥐는 사람이 목소리를 내듯이 초음파라는 우리가 듣지 못하는 일종의 소리를 내보내요.
박쥐는 내보낸 초음파가 반사되어 오는 것으로, 어디에 무엇이 있는지 알아내요.
이런 능력을 '에코로케이션'이라고 하는데, 에코의 이름에서 따왔답니다.

소리는 물체에 부딪히면 흡수되기도 하고 반사되기도 해요.
양탄자와 같은 물체는 소리를 흡수하는 성질이 있어요.
그래서 양탄자가 깔려 있는 곳은 깔려 있지 않는 곳보다 조용하지요.
화장실처럼 벽이 타일로 되어 있는 곳은 소리가 잘 반사되어 울려요.
그래서 화장실에서 소리가 나면 원래보다 훨씬 크게 들리지요.

소리를 잘 반사하는 물질

에코의 최후에 대해서는 여러 가지 이야기가 있어요. 그중 널리 알려진 것이 에코가 바위가 되었다는 거예요. 이는 옛날 사람들도 소리를 잘 반사하는 물질이 어떤 것인지, 대충은 알고 있었다는 뜻이에요. 실제로 나무가 많은 숲 속에서는 소리를 질러도 메아리가 생기지 않아요. 풀이나 나뭇잎이 소리를 흡수하기 때문이지요. 하지만 바위처럼 딱딱하고 반질반질한 물질은 소리를 잘 반사해요.

산속의 메아리는 바로 이런 소리의 반사예요.
목소리를 통해 전달된 공기의 떨림이 산등성이나 골짜기에 반사되어 다시 우리 귀에
들리는 거지요. 길게 소리를 내도 처음 소리는 뒤의 소리와 부딪혀 거의 들리지 않게 돼요.
그래서 마지막에 한 말만 우리 귀에 또렷이 들리게 되지요.
에코가 상대방이 한 말의 끝만 따라 하게 된 것도 이것 때문이지요.
산등성이가 여기저기 여러 곳에 있으면, 소리가 여러 곳에서 반사되어 메아리가 여러 번
들리기도 해요. 그리고 크게 소리를 지를수록 공기의 떨림이 커서 메아리가 강하게 남아요.
하지만 메아리는 반사된 소리이기 때문에 원래 소리보다 훨씬 작고 약하답니다.

**공기의 떨림이 반사될 골짜기나 산등성이가 있어야
메아리가 들린답니다.**

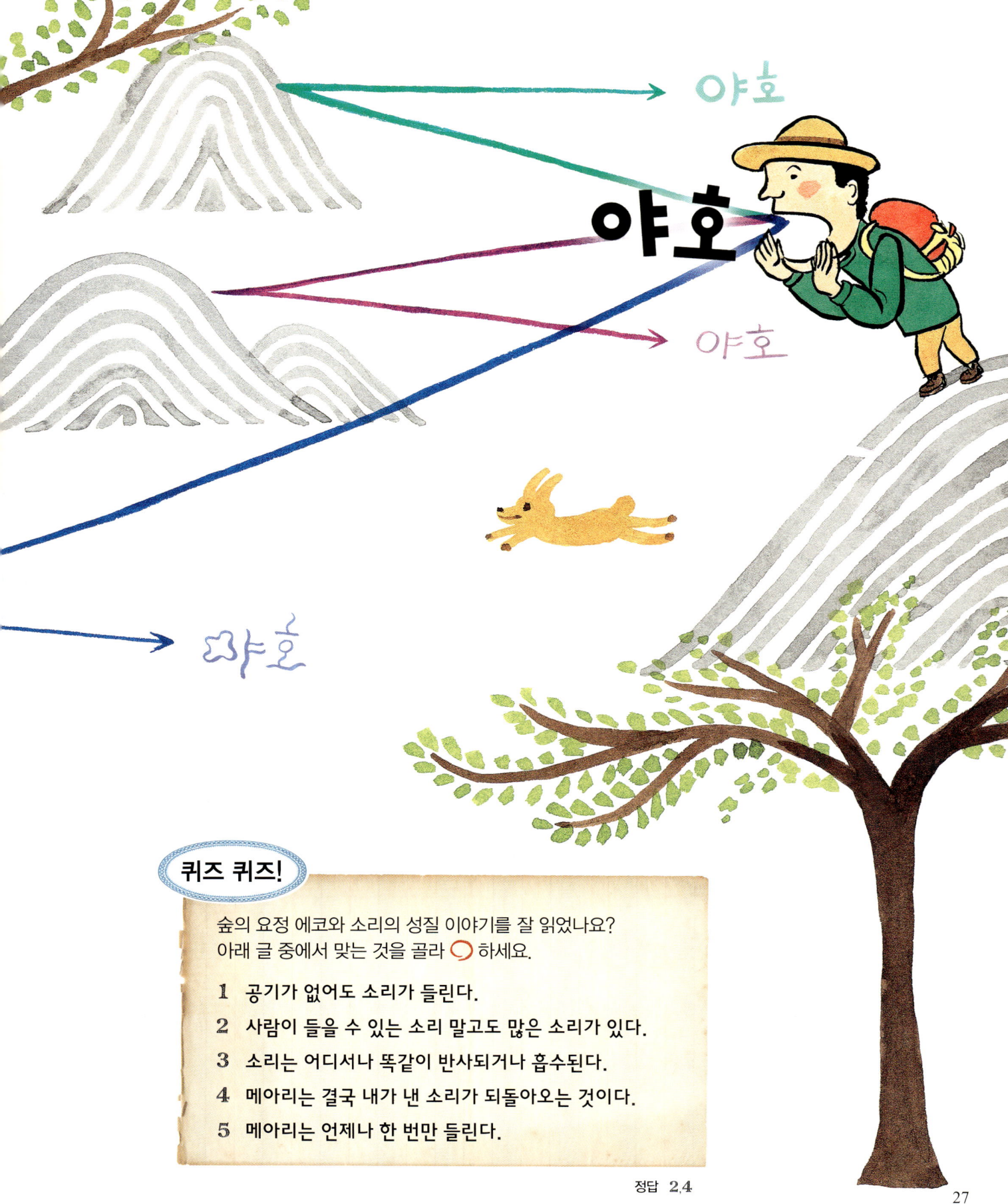

퀴즈 퀴즈!

숲의 요정 에코와 소리의 성질 이야기를 잘 읽었나요?
아래 글 중에서 맞는 것을 골라 ◯ 하세요.

1. 공기가 없어도 소리가 들린다.
2. 사람이 들을 수 있는 소리 말고도 많은 소리가 있다.
3. 소리는 어디서나 똑같이 반사되거나 흡수된다.
4. 메아리는 결국 내가 낸 소리가 되돌아오는 것이다.
5. 메아리는 언제나 한 번만 들린다.

정답 2,4

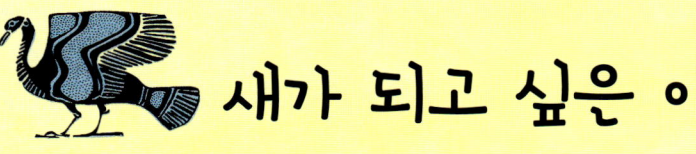 새가 되고 싶은 이카로스

다이달로스는 유명한 발명가였어요. 다이달로스에게는 아들 이카로스가 있었지요.
다이달로스는 왕의 명령에 따라 복잡한 미로를 만들었어요. 왕은 미로에 괴물을 가두어 두었지요.
하지만 테세우스라는 영웅이 미로에 들어가 괴물을 죽이고, 공주와 함께 도망쳤어요.
공주가 이카로스로부터 미로를 빠져나오는 법을 알아내어 테세우스에게 알려 주었거든요.
화가 난 왕은 다이달로스와 이카로스를 미로에 가두어 버렸어요.

다이달로스는 아들 이카로스를 위해 미로를 빠져나갈 방법을 궁리했어요.
그러다가 새의 깃털을 모아 밀랍으로 붙여 커다란 날개를 만들었지요.
다이달로스와 이카로스는 새의 날개를 달고 하늘로 날아올라 미로를 탈출했어요.
"이카로스야, 너무 높이 날면 안 돼. 그러면 밀랍이 녹아서 떨어지고 말 거야!"
하지만 이카로스는 하늘을 나는 것에 정신이 팔려 그만 저도 모르게 너무 높이 올라갔어요.
그러자 날개를 붙인 밀랍이 태양에 녹아 바다에 떨어져 죽고 말았어요.
과연 다이달로스는 어떻게 하늘로 날아오를 수 있었을까요?
그리고 이카로스의 날개는 정말 뜨거운 태양 때문에 녹아내렸을까요?

공기의 흐름과 운동

공기는 우리 주변에 항상, 어디에나 있어요.
하지만 눈에 보이지 않아 사람들은 공기가 있다는 사실을 깨닫지 못하고 살지요.
공기는 끊임없이 움직이며 돌아다녀요. 그런 공기의 움직임이 바로 '바람'이에요.
그렇다면 바람은 제 마음대로 움직일까요? 아니에요.
공기의 흐름에는 일정한 법칙이 있어요. 하늘을 나는 새들은
그런 공기의 흐름을 이용하여 좀 더 쉽게, 힘을 덜 들이고도 잘 날 수 있답니다.

공기는 뜨거운 곳에서 차가운 곳으로 움직여요.
햇볕을 많이 받아 따뜻해진 공기는 차가운 곳으로 움직여요.
뜨거워진 공기는 무게가 가벼워지고 부피가 커져서 하늘로 올라가요.
열기구 속의 공기를 데우면 풍선이 점차 부풀어 올라 하늘로 올라가는 것도,
찌그러진 공을 따뜻한 곳에 두면 다시 부풀어 오르는 것도 그 때문이지요.
대개 땅 위의 공기가 물 위의 공기보다 더 빨리 뜨거워지고 더 빨리 식어요.
그래서 낮이면 땅 위의 공기가 하늘로 올라가고, 차가운 바다 위의 공기가 땅으로 밀려와요.
밤이면 물 위의 공기가 하늘로 올라가고 차가운 땅 위의 공기가 바다로 밀려가지요.
이렇게 낮과 밤의 바람의 방향이 다르답니다.

낮에는 바다에서 땅으로 바람이 불어요.

밤에는 땅에서 바다로 바람이 불어요.

공기는 뜨거운 곳에서
차가운 곳으로 움직여요.

어디가 더 더울까?

왜 낮에는 땅이 더 덥고 밤에는 물이 땅보다 더 따뜻할까요? 그것은 물질마다 데워지는 정도가 다르기 때문이에요. 땅은 열을 조금만 받아도 쉽게 뜨거워져요. 그 대신 열을 공급해 주지 않으면 바로 식어 차가워지지요. 강이나 바다의 물은 쉽게 뜨거워지지도 않지만 한번 데워지면 쉽게 차가워지지도 않아요.
그래서 해가 떠 있는 동안은 땅이, 해가 없는 동안은 강이나 바다 위의 온도가 더 높답니다.

신화에 자세히 나오지는 않았지만, 다이달로스는 이런 바람의 흐름을
잘 이용해서 탈출했을 거예요. 그리고 이런 바람의 흐름을 타기에 좋은
새의 날개를 본떠 가짜 날개도 만들었겠지요. 다이달로스는 훌륭한 발명가니까요.
하지만 다이달로스 이야기에서 틀린 부분이 있어요.
옛날 사람들은 태양 가까이 하늘 높이 올라갈수록 뜨거워질 거라고 생각했어요.
하지만 일정한 높이까지는 높이 올라갈수록 기온이 낮아진답니다.
아주 높은 산의 꼭대기가 언제나 흰 눈으로 덮여 있는 것을 본 적이 있나요?
그러니까 사실은 다이달로스의 경고가 틀린 것이지요.

사실 우리 주변의 공기를 데우는 것은 햇볕이 아니라 땅이에요.
땅이 햇볕의 열을 품고 있다가 공기를 데워 주거든요.
그러니까 태양에 가까워진다고 해서 뜨거워지는 건 아니랍니다.
도리어 땅에서 멀어지기 때문에 추워지지요.
그런데 아주아주 높이 올라가 공기가 거의 없는 곳에 이르면,
그때부터는 높이 올라갈수록 온도가 올라간답니다.
하지만 그런 곳에서는 날개를 달고 날기는커녕 숨을 쉴 수도 없겠지요.

**땅은 푸른 잎이 무성한데 멀리 보이는
높은 산은 흰 눈에 덮여 있어요.**

퀴즈 퀴즈!

다이달로스와 공기의 흐름 이야기를 잘 읽었나요?
아래 글 중에서 맞는 것을 골라 ◯ 하세요.

1. 공기는 잘 움직이지 않는다.
2. 일정한 높이까지는 올라갈수록 추워진다.
3. 새들은 날 때 공기의 흐름을 이용한다.
4. 낮에는 땅 쪽이 강이나 바다보다 더 덥다.
5. 바람은 공기의 움직임 때문에 생기는 것이다.

정답 2,3,4,5

# 미다스 왕의 황금 손

프리기아의 왕 미다스는 어느 날 길 잃은 노인을 잘 대접해 주었는데,
그 노인은 바로 술과 연회의 신 디오니소스의 스승이었어요.
디오니소스는 그 보답으로 미다스 왕에게 소원을 들어주겠다고 제안했어요.
"소원을 들어주시겠다고요?
그러면 제 손이 닿는 것은 뭐든지 황금으로 만들어 주시겠습니까?"
"아니, 그런 소원을 빌다니. 후회하지 않겠나?"
디오니소스는 미다스 왕을 말려 보았지만 소용없었어요.
결국 미다스 왕은 황금 손을 갖게 되었고, 그가 만지면 무엇이든지 황금으로 변하였지요.
하지만 미다스 왕은 곧 깨달았어요. 그 소원이 큰 불행이라는 걸요.
음식을 먹으려고 손을 뻗어도 황금이 되고, 사랑하는 사람을 만져도
황금으로 변해 버렸거든요. 다행히 디오니소스 신이 미다스 왕의 소원을 물러 주었어요.
과연 실제로도 미다스 왕의 소원처럼 무엇이든 황금으로 바꿀 수 있는 건지,
아니면 신의 세계에서만 가능한 일인지 함께 알아보아요.

물질의 성질

세상에는 많은 물질이 있어요. 금이며 은과 같은 보석도 있고, 소금이나 설탕처럼 맛을 내는 것들도 있지요. 이런 물질은 수도 없이 많으며 제각기 성질이 다르답니다. 옛날 사람들은 수많은 물질이 겉보기에는 다 달라 보이지만, 뜯어보면 몇 가지 기본 요소들이 섞여 있는 것에 지나지 않는다고 생각했어요.

그리스의 철학자 엠페도클레스는 세상의 모든 물질이 흙, 공기, 물, 불, 이 네 가지로 이루어져 있다고 했어요. 그 밖에도 많은 철학자들이 세상의 모든 것을 이루는 기본 물질이 있다고 믿었지요. 그런데 이런 생각을 계속하다가 엉뚱한 결론에 이르게 되었어요. 석탄이나 황금이 모두 같은 요소로 만들어졌으니 잘 부수어서 다시 만들면 석탄을 황금으로 만들 수 있지 않을까 하고 생각한 거지요. 많은 학자가 이 생각을 믿고 온갖 물질을 부수고, 끓이고, 섞고, 태우며 황금을 만들어 내려고 했어요. 이런 학자들을 연금술사라 불렀지요.

세상 모든 것이 4원소의 사랑과 다툼 속에서 생겨났다고 주장한 엠페도클레스예요.

왕이 되는 것보다 세상의 숨겨진 원인을 찾고 싶다고 한 데모크리토스예요. 결국 그는 위대한 발견을 했지요.

4원소설

그리스의 많은 철학자가 세상의 기본 요소를 연구했어요.
그중 가장 널리 알려진 것이 바로 엠페도클레스의 '4원소설'이랍니다.
사람들은 이 4원소설을 자그마치 2000여 년 동안이나 믿었지요. 나중에 돌턴이 '원자'를 발견하기까지 아무도 이 이론이 틀렸다고 반박하지 못했어요.
사실 엠페도클레스와 비슷한 시기에 데모크리토스라는 학자는 세상의 물건을 쪼개고 쪼개다 보면 '원자'라는 것이 나올 것이라고 예측했어요.
그 당시에는 아무도 데모크리토스의 이론에 관심을 기울이지 않았지만, 결국 데모크리토스의 이론이 맞다는 것이 밝혀졌답니다.

수많은 연금술사가 목숨을 걸고 물질에 관한 실험을 계속했어요. 어떤 사람들은 물질을 섞다가 폭발하여 크게 다치기도 하고, 해로운 가스가 나와 목숨을 잃기도 했지요. 물질은 사람들이 생각했던 것처럼 똑같은 기본 요소로 이루어져 있지 않기 때문에 결국 어느 누구도 황금을 만들어 내지 못했어요. 하지만 연금술사들이 헛일만 한 것은 아니에요. 이들 덕분에 온갖 물질의 성질을 알게 되었고, 근대 화학 연구가 싹텄기 때문이에요.

퀴즈 퀴즈!

미다스 왕과 물질 이야기를 잘 읽었나요?
아래 글 중에서 맞는 것을 골라 ◯ 하세요.

1. 옛날 사람들은 4원소설을 믿었다.
2. 4원소설의 4원소는 동, 서, 남, 북을 뜻한다.
3. 옛날 사람들은 다른 물질을 금으로 변하게 할 수 있다고 믿었다.
4. 연금술은 화학 발전에 전혀 도움이 되지 않았다.
5. 현대에 와서는 원자를 더 쪼갤 수도 있다.

정답 1, 3, 5

이런 화학자들 덕분에 사람들은 여러 가지 물질과 물질이 어떻게 변하는지 알게 되었어요.
원소라는 것이 여러 물질을 이루고 있다는 것에서부터 시작해서 그 원소가 원자라는
작은 알갱이로 되어 있다는 것, 원자는 원자핵과 전자로 이루어져 있다는 것까지요.
현대에 와서는 과학이 발달해서 실제로 물질의 원자를 쪼개거나 더해 금을 만들 수 있어요.
아주 비싸고 특수한 장치를 이용해서요. 그런데 왜 그런 방법으로 금을 안 만드냐고요?
땅에서 금을 파내는 것보다 돈이 훨씬 더 많이 들기 때문이에요.

그리스 로마 신화 올림포스 가디언 63
신화, 과학을 발견하다

글 서보현 **그림** 시은경

펴낸이 양원석
펴낸곳 (주)알에이치코리아
등록 2004년 1월 15일 제2-3726호
주소 서울특별시 금천구 가산디지털2로 53, 20층 (한라시그마밸리)
문의전화 02)6443-8800

ISBN 978-89-255-4362-8(74800)
ISBN 978-89-255-4354-3(세트)

값 12,800원

사진 구입처 이미지허브24

※잘못된 책은 구입하신 곳에서 바꾸어 드립니다.
※책 모서리가 날카로워 다칠 수 있으니 사람을 향해 던지거나 떨어뜨리지 마십시오.

알에이치코리아 홈페이지와 카페, SNS로 들어오시면 자사 도서에 대한 더 많은 정보와 다양한 이벤트 혜택을 확인할 수 있으며, E-book몰에서는 전자북으로도 만나볼 수 있습니다.
주니어RHK 홈페이지 http://jrrhk.com | **E-book몰(RHK북스)** http://ebook.rhk.co.kr | **북카페** http://cafe.naver.com/randomhousekorea
페이스북 https://www.facebook.com/rhk.co.kr | **트위터** @randomhouse_kr | **유튜브** http://www.youtube.com/randomhousekorea